カリスマ経営者が実践！

吉田松陰の言葉に学ぶ

本気の生きざま

株式会社都田建設　代表取締役社長

蓬台浩明

現代書林

はじめに

◉吉田松陰先生に、志を持つことの大切さを学ぼう!

吉田松陰先生の教えや生きざまは、今日も多くの人々に勇気を与えています。私自身もその一人で、松陰先生に学んだことは数えきれないほどあります。

まず、第一に挙げたいことは、「志を持つことの大切さ」です。私は子供の頃から、夢や目標を抱いてきました。それが、松陰先生を学ぶことによって、志《こころざし》を持つことの重要さに深く気づき、経営者を目指すことができたのです。今、その経営者として「志事《しごと》」に燃えています。

ここで、あえて「志事」としたのは、志を持って事にあたっているからです。「仕事」ではなく、「志事」という言葉を使うことで、いつでも命がけで事にあたる、まさに「武士道精神」を持って生きることを誓っているのです。

経営者、つまり組織のリーダーになった今では、松陰先生の教えの中でも「天才教育」を意識して、社員教育に力を入れています。

教育には親の躾や学校教育、さらには実社会に出てからの、例えば社員教育などなどさまざまなものがありますが、松陰先生の「天才教育」を多くの親や学校、経営者が行えば、子供たちや社員はもっと才能を発揮して、やがてそれぞれが「志事」に燃えるような人材に育つと感じています。

なぜならば、私が経営する都田建設（浜松市）では、社員一人一人が自分の才能を発揮して、生き生きと輝きながら働いているからです。社長である私から見ても、惚れ惚れするほど一生懸命に必死に「志事」に燃えてくれています。

◉松陰先生は、潜在能力（天才）を引き出す名コーチだった！

さまざまな文献などによると、松陰先生は思想家であると同時に、優れた教育者であり、指導者であったことは間違いありません。

では、その指導方法とはどのようなものだったのでしょうか？

私が師事している帝王學の師匠・徳山暉純先生は、「吉田松陰とは生徒たちの先天的能力を引き出す『先生』であり『理解者』だった」と言います。

この二つの意味を込めて、松陰先生は幕末の志士たちの絶大なる信頼を集めた「コーチ」だったと、私は考えています。

松陰先生のコーチングは、まず相手としっかり話し合うことから始まります。身分や貧富の差などは関係ありません。**生徒たちの目を見て心を探り、輝く才能や隠れた素質を見つけ出すのです。そして、本人にそのことを気づかせ、共に磨き合っていく。周りにも教えていく**——まさに、相手主体の方法なのです。

尊敬して師と仰ぐ松陰先生に、ここまで大切にしてもらえば生徒たちの士気も上がるに決まっています。その気持ちこそ、吉田松陰先生の教えが、生徒たちに深く浸透した最大の要因なのでしょう。

松陰先生の名言の中に、「天才教育」に関して、次のようなものがあります。

天《てん》の才《さい》を生《しょう》ずる多《おお》けれども、才《さい》を成《な》すこと難《かた》し。（『講孟箚記』より）

私なりに解釈して現代語訳すると、こうなります。

「どんな人間も一つや二つ、素晴らしい能力（天才）を持っている。その素晴らしい能

力（天才）を大切に育てていけば、素晴らしい人間になる。これこそが人を育てる上で重要なのだ」

親や教師、また社会の中で指導者になった場合、指導する者たちがいかに、相手の天才を引き出すか？　これが重要ではないでしょうか。

◉松陰先生から武士道を学び、人としての徳を積もう！

幕末に教育者として、偉大なる人物を次々に輩出した松陰先生ですが、彼の教えの根底には、孔子や孟子、老子の教えがあると思います。

この流れを汲んだ「武士道」の精神は、日本人のＤＮＡともいわれている「大和魂《やまとだましい》」そのものなのです。

武士道精神とは、決して古いものではなく、また武士、すなわちサムライだけのものでもありません。武士道精神とは、今風に言えば、働くすべての人々（ビジネスパーソン）の道徳であり、規律なのです。

私は松陰先生に関する本や名言集を読みながら、多くのことを学び、そしてその学んだことを人生に活かし、会社経営にも活かしてきたつもりです。

もちろん、私だけではなく、私の知り合いの経営者など各界のリーダーの方々も、松陰先生の教えや武士道精神に学んでおられます。だからこそ、そうした方々は実業界でも成功され、かつ人望があり、幸せな人生を歩んでおられるのです。

松陰先生は書物や手紙などさまざまな形で、多くの名言を残しています。これは私たち後輩にとっては「宝物」といえます。

だからこそ、この本では、読者のあなたが吉田松陰先生から直接学んでいるんだと思っていただけるような工夫をしてみました。

本書ではまず、松陰先生の名言を紹介します。その言葉を私なりに解釈して、現代的な表現に言い換えていますので、ご理解いただきやすいと思います。これが最初のページとなっています。

次のページからは、松陰先生の名言を私自身がどのように受け止め、学びと変えて、私自身の人生や会社の経営に活かしてきたかを、紹介させていただきます。一つの実践として、あなたの参考になれば幸いです。

そして、最後のページには、松蔭の言葉をあなたが実際に応用できるように、「ワーク」（演習）を設けています。ぜひ、「ワーク」にある質問に答えてみてください。自ら書き込むことによって、ご自身の考えや意識が明確になり、それがやがて実践へと繋がっていく芽となるはずです。

本書をお選びいただき、読み進めていただけることは、著者として至福の喜びです。あなたもこの本を通して、吉田松陰先生の教えを血に、肉に変えください。

では、ご一緒に「吉田松陰」に学んでいきましょう。

著者

吉田松陰の言葉に学ぶ本気の生きざま◆目次

第一章　心がまえ

第二章 姿勢（態度）

第三章 生きざま

第四章　信

第一章

心がまえ

武士道は、「現代の武士、ビジネスパーソンの心がまえだ」と言っていいと思います。吉田松陰の名言の中にも、心がまえを説いたものが多くあります。まず第一章では、人間としての基本である、この「心がまえ」に関する名言をご紹介しましょう。著者なりに考え、実践していることも、併せてお読みいただきたいと思います。さあ、ご一緒に松蔭の説く「心がまえ」を学び、実践していきましょう！

人《ひと》に交《まじ》はる事《こと》は
有《あり》の儘《まま》なる事《こと》を貴《たっと》ぶ。

『松本源四郎あて書簡』より

【現代語訳】

人とつき合うときには、ありのままの自分、つまり自然体の自分をさらけ出していくことが大切なのです。

あなたは「ありのまま」、つまり自然体で生きていますか？

「ありのまま」の心でいるということは、意外と難しいですよね？

大ヒットした「アナと雪の女王」の映画でも、この点を伝えています。

子供はみんな素直ですが、私たちは大人になるにつれてだんだん素直な状態、つまり「ありのまま」であることができなくなってきています。

「ありのまま」の心でいるためには、謙虚さや素直さが必要です。ですから、「ありのまま」でいるためには、謙虚でいる、素直でいるための努力が必要になってくるのです。

大人になった私たちは、誰かの役に立ち、必要とされるようになることで、自らの存在の意味を感じるようになります。

そこで、「ありのまま」の自分を出し、それを受け入れてもらうには、「ありにのまま」の状態でも役に立つことができる自分になっていなければなりません。そこに至るまでは、努力の連続なのです。

私自身は、まだまだ自分の素を出し切って人のお役に立てているとは思っていません。だからこそ、常に謙虚であることや素直でいられるように努力して、無理をしてでも貢献できるよう心がけているのです。

かといって、それを辛いなどと思ったことはありません。人間力を成長させていただいているのですから。

やはり、相手視点、お客様主義、利他があっての自分だと思うと、自分のことを考える前に、まずは相手の気持ちに寄り添えるように自分を変化させ続けることをやめるわけにはいかないのです。

そういう自分こそが、「ありのまま」の状態だと感じています。

生活や仕事を通じて、自然体で自分を輝かせていると実感できる家庭や会社をつくっていきたいと思います。

ところで、人と人が交わり価値や意味を確認し合いながらも、お互いのご縁や繋がる幸せというものを感じ、心豊かにお互いを思いやる経済、すなわち「ホスピタリティの経済の時代」が、21世紀に入っていよいよ始まったのだと思います。

確かに、これまでには、人間を機械やロボットのように使う風潮がありました。それこそが、大量生産大量消費時代の名残でしょう。

また、仕事に喜怒哀楽を持ち込むのはかっこ悪いと考え、社員同士の生きざまに対して無関心で、働く社員も無表情な職場がたくさんあるようです。

そういう時代は、もうおしまいにしたいですね。人間らしく「ありのまま」にふれ合える会社、そんな「社風」がある会社は素敵だと思いませんか?

私たち都田建設の「社風」は礼儀礼節を大切にしながらも、本気で感情を表し、人が人としていられる――本気で生きる喜びを実感しながらお客様に心から向き合う、そういうスタンスでいることを求めているのです。

だからこそ、

・人前で本気で感動して、涙を流したり、
・喜びを仲間と分かち合ったり
していきます。

そんな生き方を諦めないでほしいですね。

今一度、大人が真剣に考え、変化を起こすときです。

未来の子供に、自信のない希望のない未来を残さないように。

素の自分を表現できる社風力

私たち大人自身が、いかに「ありのまま」になるか？――にかかっています。

素直で屈託のない日本人。

外国人が感動して褒めたたえた時代の、日本人の美しい心。

自信と誇りを取り戻すために、私は机上論ではなく、私たちのブランドである「DLoFre's」（Dream＝夢・Love＝愛・Freedom＝自由・'s＝仲間）を通じて実践することで、世の中を良くしていくことを本気でやっていきます！

☞ ワーク①

あなたの「ありのまま」、
つまり自然体とはどんな状態ですか？

子供時代の特徴、戻りたい素直な時代のあなたのことを書き出してみましょう。何に感動し、何に興味を持ち、何に笑い、泣いたのか？

古《いにしえ》より大業《たいぎょう》を成《な》す人《ひと》、
恬退緩静《てんたいかんせい》ならざるはなし。

『講孟箚記』より

【現代語訳】
いつの時代も大きな仕事をする人は、堂々と大きくしかも落ち着いているのです。

あなたは、優先順位をつけていますか？

一日を大切に、自分らしくいる実感を持ち続けたいと、誰もが思うことなのではないでしょうか。だけど、どれだけの人が満ち足りた自分らしい道を歩んでいるのでしょうか？

いろんなことを言い訳に、諦めたくないですよね。私が思うには、自分の道を歩むために心を落ち着ける方法には、

・呼吸法
・瞑想
・止観

などがあります。

現代のように、情報が氾濫し、本当の情報と偽物の情報が溢れる時代には、自分の心をいつもきれいにしておくことで正しさの基準がぶれなくなります。

私たちは毎日、毎日、たくさんのことをしますが、「優先順位」をつけると、落ち着いて事にあたれるようになります。

一人で心を整える時間は、私にとっては非常に大切な時間です。この「優先順位」をつける

という作業は、結果として、私の心を鎮めてくれるのです。

世の中には、バタバタといつも忙しそうにしている人がいます。まるで、忙しいことを自慢したいようにも思えるほどに。やることや時間に振り回され、気づいたら人生が終わっていた、なんて淋しいですよね。

その一方で、いつも落ち着いて冷静でいて、それでいて、仕事の質も高く仕事の量も圧倒的に多い人もいます。

心を落ち着け、今の自分をニュートラルにし、そして今この瞬間から情熱を込めて前に進む。人を指導する立場の人、人を教育する立場の人、人に大きな影響を与える人、このような人は、特に「やるべきこと」の前に「あるべき姿」を見つめることを大切にしているのです。

そのために、「優先順位」をつけるのです。

☞ ワーク②

今やっていることと、その優先順位は？

あなたが今、取り組んでいること（仕事や勉強や趣味など）をすべて書き出し、それに優先順位をつけてみましょう！

実《じつ》に吾《わが》が一心身上《いっしんしんじょう》にあることなれば、人《ひと》の力《ちから》を借《か》らず、人《ひと》の財《ざい》を費《つい》やさずして自在《じざい》に成《な》し得《う》べきことなり。若《も》し得《え》ずと云《い》う者《もの》あらば、亦是能《またこれあた》はざるに非《あら》ざるなり、為《な》さざるなり。

『講孟箚記』より

【現代語訳】

何をするにしても自分次第なのであって、人の能力とか、人のお金を頼りにせず、自分でやるということです。できないという人がいるとしたら、それはできないということではなく、やらないということなのです。

あなたがいないと、誰か困りますか?

就活中の若い世代や転職を繰り返している方々の中には、「働き甲斐のある職場で仕事をしたい!」という意見がありますよね。

私は、こういう人に対して、

「あなたは今の会社で、いないと困る存在ですか?」

「あなた自身で、そう思われる価値をつくってきましたか?」

ということをお聞きします。

実のところ、働き甲斐とは、職場環境の問題ではないですし、そもそも、与えられるものではないのです。

「働き甲斐」とは価値を意味しています。その価値とは、あなたがいないと困ると言われるぐらい貢献しようと、あなたが努力して得られる価値なのです。

まず、あなたが人のため、世のために、どのようにしたら役に立てるかを、真剣に考えるのです。それこそが、「働き甲斐」を自分自身で見つけることになります。与えてもらうものでは全くありませんね。

もちろん、あなたの職場が、人の役に立つことを押さえつけられる職場、つまり人に迷惑をかけたり、世のためにならなかったりする職場であるなら、その会社は世の中に存在している価値がないので早く辞めたほうがいいと思います。

どんな方にも、社会の役に立つ場所（職場や家庭など）が必ずあります。そこには、あなたが価値を見いだせて、生きがい、やりがい、働きがいを感じる場所がきっとあります！

そういう気持ちに満ち溢れた毎日を過ごすことこそが、人生を豊かに生きる大切な気持ちなのではないでしょうか。

そして、それこそが、「働き甲斐のある職場」なのです。ポイントは心がまえなのです。あなたが世のため、人のために何かを与えたいという気持ちから生まれるものです。

☞ ワーク③

あなたがいないと、誰か困りますか？

あなたがいないと困る人、どんなことに困るのかを書き出してみましょう。あなたという人にはどんな役割があるのか、どんな場所で「やりがい」を持てるのか、気づいてください。

吾《わ》が志《こころざし》一《ひと》たび定《さだ》まりて、沈《しず》まず漂《ただよ》はざれば、其《そ》れ必《かなら》ず来《きた》り助《たす》くる者《もの》あらん。而《しか》るを況《いわ》や吾《わ》れ往《ゆ》きて之《こ》れを求《もと》むる、其《そ》れ寧《いずく》んぞ応《おう》ぜざる者《もの》あらんや。人《ひと》帰《き》して天《てん》与《くみ》す、百人《ひゃくにん》固《もと》より以《もっ》て千万人《せんまんにん》を得《う》べし、而《すなわ》ち何《なん》ぞ難《かた》からん。

『杉蔵を送る序』より

【現代語訳】

自分が立てた志が、ぶれたり、ゆらいだりしなければ、手伝ってくれる人が必ず現れます。またそうした自分の強い念いに賛同を募るとき、応じない者はいません。天が味方し、百人、千人、万人もの仲間を応援してくれる人を、得ることができます。何も難しいことではありません。

あなたの志が本物なら、道は開けます！

あなたには、「こんな事を成し遂げたい！」という強い志《こころざし》はありますか？

志とは、まさに武士道精神の「士」を持った「心」と書きます。

「武士道とは死ぬことと見つけたり」という言葉がある通り、「死」から逆算して本気でやるべきことを全うする心がまえのことです。

ですから、死んでもやり遂げたい！という強い願望こそが、志なのです。

もちろん、今の段階ではそこまでの強い願望がないかもしれません。しかし、あなたに願望があるならば、それを続けていくうちに、生涯かけてもやり遂げたいものが必ず出てきます。

あなたが、何かを強い念《おも》いでやろうとしたとき、周りにいる方（友人や知人や職場の仲間など）から、心ない言葉を投げかけられることがあるかもしれませんが、そういう言葉には、耳を貸してはいけません。そういう方は、志がない方ですから、勝手に言わせておこう！

志のある方というのは、ちゃんとあなたを見ています。その方はあなたの本気の念い、つまり志を応援してくれます。

だからこそ、あなたは諦めずその願望を持ち続け、日々の小さな一歩を大切にしましょう。

自然と一つになる DLoFre's Campus

必ず、お天道様は分かっています！　つまり、天が味方をしてくれます。

私も、亡くなった祖父に、このことを教えていただき、心に刻んで生きてきました。今でも、この「必ず、お天道様は分かっています！」には、感謝しています。

☞ ワーク④

あなたには、「こんなことを成し遂げたい！」という強い志はありますか？

もし、まだなければ、あなたの夢や願望を書き込んで、優先順位をつけてみましょう！　そのうえで、優先順位の高いものから実践してみましょう！

大丈夫《だいじょうぶ》の嫉妬私心《しっとししん》ほど
畏《おそ》るべき夷狄《いてき》は之《こ》れなく候《そうろう》。

『桂小五郎あて手紙』より

【現代語訳】嫉妬心や私欲の心は、それは恐るべき内面の敵といえます。

あなたの心の中にいる敵（嫉妬と我欲）をなくしましょう！

あなたは成功者や上手くいっている人・会社を見て、羨ましい、口惜しいなどと思ったことはありませんか？

このような心の状態になると、なかなか人生は良くなりません。

今ある環境をよく考えてみると、結構、ほかにはない特別なことやモノがあるものです。モノの価値を活かすことの大切さ……。

今ある環境をすべてプラスに捉え、それを魅力として活かしていくことを考え続けると、アイデアが生まれてくるものです。

やはり、妬み、嫉妬、怨みからは良いアイデアは生まれませんからね。

今あるものを好きになることから、始めてみませんか？

そのためには、何に対しても「敬う《うやま》」気持ちを持つことです。

「敬う」ということは、己を慎み、人に敬意を持つという気持ちですよね。

この「敬う」がいつも心にあれば、純粋で明るくいられます。妬み、嫉妬など、よこしまな感情に振り回されることはないのです。

こういうシンプルな考え方こそしっかりと噛みしめないと、分かったつもりで実は何も理解していなく、その結果、言動が真逆になってしまうことがあります。

毎日、その心を整えながら人のために尽くす――それこそが、自らの人としての成長をつくるということ。

心を清らかに明るくいられるよう、大切にしたい日本人の心がまえなのです。

ここでいう「あなたの心の中にいる敵（嫉妬と我欲）」とは、実はあなたが強く願っている夢や志であるかもしれません。それだけ、人間は素直ではなく、自分の心を曲げてしまっているのです。

ですから、素直に自分の心と向き合い、次のページの「ワーク」に取り組んでくださいね。

☞ ワーク⑤

あなたの心の中にいる敵（嫉妬と我欲）をなくそう！

あなたは誰に対して、嫉妬や妬みなどマイナスの感情を抱いていますか？　それは、なぜですか？

古《いにしえ》より志士《しし》仁人《じんじん》、恩《おん》に感《かん》じ報《ほう》を図《はか》るや、往々《おうおう》一身《いっしん》の力《ちから》を尽《つく》し、而《しこう》して之《こ》れに継《つ》ぐに死《し》を以《もっ》てす。亦《また》唯《た》だ当《まさ》に厲《れい》精《せい》力《りょく》を竭《つく》し、日夜《にちや》懈《おこた》ることなく、家業《かぎょう》に孜々《しし》として死《し》を以《もっ》て之《こ》れを争《あらそ》ふべきのみ。

『燼余の七書直解の後に書す』より

【現代語訳】

昔も今も、できた人物というものは、人から受けた恩義や愛情に対して、これに報いるために真剣に、それこそ死に物狂いで事にあたります。自分自身の精神力を高め、人間力を磨いて、日々精進することを忘れず、事にあたるものなのです。

あなたが命がけでやれば、チャンスは訪れます！

「チャンスが欲しい」と言う人がいます。そういう人に、「チャンスを得るための努力をして、どのように見える形で返しますか？」と具体的に聞くと、全く答えられない人がいます。そういう人に限って、チャンスをもらうことには必死なのです。

または、もらって当たり前のような態度の人も、中にはいて驚きます。

チャンスの中には、大きなお金や時間の投資もあります。

「チャンスをもらいたい」と言いますが、何かをやりきった実績のない人に、チャンスは訪れません。仮に、実績がないのにチャンスを与えられているということは、どれだけチャンスをくれた人に感謝とそのお返しができるのか。その具体的な行動とリターンできるものを示せるかどうか、にかかっています。

簡単ではありません。それを必死でやった人のみ、自分の限界を超えていくチャンスが手に入ります。そういう気持ちもないのにチャンスが欲しい欲しいというのは、小さな子供が、ないものねだりで玩具を買って欲しいとねだるようなものです。

チャンスを手に入れるには、そういう心を手に入れておかないと、全く入ってこないと思うのです。実践し経験したことしか自信にならないのです。だからこそ、失敗を恐れずチャレンジするのは、それを学びにして、自分を信じる強い力となると理解しているからなのです。

この繰り返しを淡々と行うのが、人としての成長なのですね。


私自身も、世の中からチャンスをいただけるようしっかりと実績を積んで、そして未来を良くしたいという念いをより強く持ち、どんな形で恩返しをするかを具体的にして歩んでいきたいと思います。

これからも、最大のチャンスを大切にするために慢心せずにいたいものです。たとえば、私たちにチャンスをくださり、住まいづくりのお手伝いさせていただき、ご入居されたご家族様のおかげで私たちの会社は存在しています。

この気持ちは、私たちはどんな時も忘れてはいけないことだと、日々社員と共有しています。かつて、都田建設が社員三人の頃、何の実績もなく、目に見える信頼を証拠づけるものがなかったのに、人生の大切な選択を託してくださったご家族様がいました。目に見えるものではなく、当時の私たちの「人」と「念い」を信じてくださったのです。原点の「心」を絶対に忘れない会社であり続けます。

☞ ワーク⑥

あなたは、
どんなチャンスが欲しいですか？

チャンスを得るために、どんな努力をしますか？　何を差し出しますか？　望むチャンスを得たとしたら、誰のために活かしますか？

山径《さんけい》の蹊間《けいかん》は、是《こ》れを用《もち》ふれば其《そ》の路《みち》を成《な》すこと倏忽《しゅっこつ》の間《かん》なり。又用《またもち》ひざれば茅草生《ぼうそうしょう》じて是《こ》れを塞《ふさ》ぐことも亦少頃《またしょうけい》の間《かん》なり。人《ひと》の心《こころ》も亦然《またしか》り。

『講孟箚記』より

【現代語訳】野山にある小道は、これを使う人があれば道として存在し続けます。使う人がいなくなれば草木雑草によってすぐにふさがれてしまい、道として存在しなくなります。人の心も同じことです。

心の雑草が自分を豊かにします……

世の中には、嫉妬や妬み、誹謗中傷などは常に発生します。もし、あなたがこのようなマイナスの感情を仕向けたられた場合には、どうしますか？ 嘆き悲しんでしまいますか？ 落ち込んでしまいますか？

成功への階段を上り始めると、必ずと言っていいほど、外部からマイナス感情溢れる言葉が飛んでくるものです。こんな場合にも慌てないように、心がまえとして、ぜひ吉田松陰の名言から学んでいただきたいと思います。

私たちの人生は、シンプルに生きようとしても自分ではどうしようもない、外部からの影響で、心に雑草のような気持ちが生まれる出来事が起こりますよね。

でも、その雑草を取り除く作業こそが、自分を成長させてくれるような気がします。

私の場合には、外部で起こることは自分ではどうしようもないと半分は割り切って生きています。しかし、そうした事態になってしまったときには、自分の心の持ち方をその雑草、つまり外部的な要因から学ぼうと努力します。

なぜならば、雑草は抜いても抜いても、どこからともなく生えてきます。それに除草剤をまいて土ごと傷めつけるのではなく、自分の手で丁寧に手入れをし続ける。たんたんと、です。

いつしかその雑草を抜く作業に感情を入れることがなくなるように、当たり前のようにやれるようになります。つまり、心が外部のことに乱されなくなるのです。

こうなりますと、外部のさまざまな無責任な意見や嫉妬や妬みなど含めての誹謗中傷などには惑わされずに、自分の内側、つまり自分の心だけで決めることができます。

自分の内側を鍛えるために、その雑草がわざわざ生えてくれたんだと思って、外部で起こるいろいろな出来事を受けとめていける毎日を送りたいものです。

☞ ワーク⑦

妬み、嫉みは、あなたが成功の階段を上っている証拠！

もし、あなたに妬み、嫉み、つまり嫉妬心溢れるマイナス表現がなされているなら、その内容と誰が行っているのか、書き出してみましょう。

友《とも》なるは其《そ》の徳《とく》を友《とも》とするなり。

『講孟箚記』より

【現代語訳】あなたの友人となる人は、その人の持つ「徳」、つまりは人柄を友とすることなのです

あなたには、「志を共にする仲間」がいますか？

同じ志を持つ仲間とは、友達、家族、仲のいい友人とはまた違う特別な関係をいいます。

人と人の関係性の呼び方はいろいろありますが、「志を共にする仲間」という言葉を私は最上級で大切にし、そして命がけで守るものとしています。

なぜなら、その仲間こそ、悠久の時を超えた奇跡の出会いという繋がりですからね。

夢を超えた先にある「志」。

吉田松陰は松下村塾で塾生に対し、「立志」という言葉の教えを非常に重要なものとして説いたということです。まさに、同じ志を強く立てた仲間の存在が、私の気持ちを熱くし続けてくれるのです。

志を共にする仲間の存在

☞ ワーク⑧

あなたには、
志を共にする仲間がいますか？

もし、いたら、その仲間の名前を書きましょう。いなければ、仲間になりたい方の名前をここに書いていきましょう。

夫《そ》れ重《おも》きを以《もっ》て任《にん》と為《な》す者《もの》、才《さい》を以《もっ》て恃《たのみ》と為《な》すに足《た》らず。知《ち》を以《もっ》て恃《たのみ》と為《な》すに足《た》らず。必《かなら》ずや志《こころざし》を以《もっ》て気《き》を率《ひき》ゐ、黽勉事《びんべんこと》に従《したが》ひて而《しか》る後《のち》可《か》なり。

『松村文祥を送る序』より

【現代語訳】

人が大事なことをやろうとするとき、才能だけで事をやろうとしてもだめです。知識だけで事をやろうとしてもだめです。必ずやり遂げるという強い信念を持って気を引き締めて事にあたることで、実現していくものです。

目的が志に変わることもあります

何かをしようとしたときに、また継続してやっているときに、手段を目的としてしまうことがあるようです。

それによって、結果や得られる充実感は小さくなってしまいます。

手段はあくまでも、目的を達成するためなので、手段に集中するあまり、本来の目的を忘れて、本末転倒なことをしてしまうこともあります。

目的を見失うことのないように、「何のためか？」に立ち返ることが重要です。そして、その目的の意味が「社会にとって大きな意義がある」と腑に落ちたとき、目的が志となり、自らの役割が使命感となって、日々を宝のような時間に思えるようになるのです。

何のため……それはお客様の笑顔に出逢えること

☞ ワーク⑨

今、あなたが行っていることの目的は何ですか？

現在、あなたが取り組んでいるすべての事柄と、その目的を書き出してみましょう。社会的意義のあることがあれば、それこそが志に昇華します。

苟《いやしく》も能《よ》く志《こころざし》立《た》たば、為《な》すべからざるの事《こと》なく、為《な》すべからざるの地《ち》なし。顧《おも》ふに其《そ》の期《き》する所《ところ》如何《いか》に在《あ》るのみ。

『中村士恭の国に帰るを送る序』より

【現代語訳】

これをやろうという強い念いを立てたなら、できないことなどありません。すべては、やろうとするあなたの心次第なのです。

プロ意識と謙虚さを持って、志を全うしましょう！

私たちの会社には、ドロフィーズ・ウェイ（DLoFre's Way）という、念い、行動、そして会社の価値観と共に、都田建設ドロフィーズ人としての「あり方」を規定したものがあります。

その中の一つに、

「プロフェッショナルとしての誇りと謙虚さをかねそなえる社風をつくります」

という言葉があります。

プロフェッショナルであることは非常に大切です。プロとは、お客様からお金をいただいて、仕事を通じ自らのできることで役に立つこと。

そして、役に立てたからといって傲慢になるのではなく、役に立てるチャンスをいただけたことに感謝し、さらに次の機会に心を整え、さらに良い価値を提供できるようにしておくことがプロです。

だから、誇りを持ちながらも謙虚でいるということ。

こういう人としてのバランス感覚こそが、私たちの非常に大切にしていること。

こういう社風の中で一人一人の成長をつくっていきたいと思います。

それと共に、自分を認める力も大切なことだと思うのです。

私は、スタッフとの年度末の面談の際、

「自分が成長したなぁと感じることは？」

「自分を凄いなぁと思うことは？」

「一年でよくできたなぁと思うことは？」

という質問をします。

日々、「謙遜の美徳」である謙虚さという日本人の心を大切に、組織づくりをしていますが、会社の年度末という節目には一年間を振り返り、圧倒的に成長している自分自身と自らのチームを称賛し、時間をかけて逃げずにつくり続けた自らの実力を認め合います。それが自信となります。

これこそが、志を同じくする仲間同士が成長する源ではないでしょうか？

☞ ワーク⑩

あなたはプロ意識を持って、仕事をしていますか？

あなたが考えるプロとは何ですか？　プロであれば、どんな価値を提供していますか？　そのプロ意識をあなたは定期的に褒めながら、自信を強固にしていますか？

已《や》むべからざるに於《お》いて
已《や》む者《もの》は、
已《や》まざる所《ところ》なし。

『講孟箚記』より

【現代語訳】

やめてはいけないことを平気でやめてしまう人は、やらなくてはいけないことも平気でやめてしまう人です。

根性を持った継続こそが、人を魅力的にします

私が小さい頃に、両親から非常に厳しく、たたき込まれながら教え育ててもらったこと。それは「根性を持つこと」です。

私は、「根性」で物事を成し遂げる、粘り強く時間をかけてつくり上げる、目立たなくても諦めずにコツコツ努力する……こういうことが本当に美しいし、人として魅力的に思うのです。

「根性」を鍛え続けて本物の実力で、人の役に立てるような生き方をしたいです。

夢が大きければ大きいほど、困難も同じレベルで大きいということを知った上で、諦めずにやることが大切なのです。

楽な道はないし、楽をしても「楽しく」ないので、飽きたり、諦めたりする。

この連続の人生を断ち切ることが、どこかで必要なのですからね。

「夢には覚悟！」がいるため、逃げずに夢に向かって根性を持続できる環境をつくるのです。

夢や目標を成し遂げられる人とそうでない人の違い、それは知識や技術、テクニックではありません。

本当に成功する人は、「何がなんでも！」の気持ちで取り組み続ける根性があるかどうか、

ということです。

私たちの会社では、この「何がなんでも！」という言葉を大きく書いて貼っています。

確かに、自分一人では何も大きなことはできないかもしれません。だからこそ、大きな志を持って、プロ意識持ちつつも、謙虚にそして素直な気持ちで、周りの幸せのために、自分の責任を何がなんでも果たそうと誓い合うのです。このようにしている人のためには、その気持ちの強さから周りも自然に動き出してくれることもあるものです。

諦めなければ必ず夢は叶います。今この時代にここに生まれたこの意味を大切に、世の中の役に立てることで果たしていく。

その時間が、三ヵ月なのか、一年なのか、十年なのか、二十年なのか、それとも自分がこの世を去ってからか？

私は、自分がこの世を去ってからでも叶うような強い念いを持って、そして諦めない。気力が充実し続けるその秘訣は、こんなことばかりを考えているからかなぁとたまに思うのです。

教育者であり、哲学者であった森信三先生は、大切な言葉はたくさんあるが、ぎりぎりのところまで絞って残るものとして、次の二つを挙げています。

ゆるぎない信念を持って「志事」をするスタッフ

人間として大事な二ヵ条――、
一、いったん決心した以上は、必ずやり抜く人間になるということ
二、人々に対して親切な人間になるということ
この二つです。
深い、そして、今日を大切に思い切り生きることができる言葉です。

☞ ワーク⑪

これまでに、あなたが
やり続けていることはありますか？

それはどんなことですか？　どのような心境で続けてきましたか？もし、なければ、これからやり続けていきたいことを書き出してみましょう。

第二章　姿勢（態度）

人として生きていく上で、どのような姿勢（態度）が美しく素晴らしいことなのかを、武士道では説いています。もちろん、吉田松陰も塾生らに説いていますので、名言をヒントに学び、実践していきましょう。ビジネスパーソンとしても、人としても。

人《ひと》の精神《せいしん》は目《め》にあり。
故《ゆえ》に人《ひと》を観《み》るは目《め》に於《おい》てす。
胸中《きょうちゅう》の正《せい》・不正《ふせい》は眸子《ぼうし》の瞭眸《りょうぼう》にあり。

『講孟箚記』より

【現代語訳】
人の心の中は目に表れます。ですから、人を観るときは目を見ます。その人の心の中の善悪は、瞳の様子で分かりますから。

あなたの瞳は輝いていますか?

人の目を見ると、その人の心の状態がよく分かります。私自身、八年ほど前から、そういうことが自然に感じられるようになりました。いったい、何が分かるのか?――というと、その人の生きる力というか、覚悟のようなものです。

私がそこに気づいたのは、おそらく自分が大切にしていることだからなのでしょう。

「目は口ほどにものを言う」という諺がありますよね。

目というのは、もしかしたら口以上にその人を物語っているのかもしれません。私自身は、人の目というのは本当に嘘をつかないというように思っています。

例えば、心理学上でもこの点は明確にされているそうです。アメリカで人気のテレビドラマに「Lie to me(私に嘘ついてごらん!)」という番組がありますが、まさに顔の表情で嘘か本当かを見破る心理学者が出演します。この心理学者が嘘を見抜く一番のポイントとしているのが、「目」なのです。

プロを相手にすれば、どんなに巧みに嘘をついても、いくら隠しても、「目」に表れた真実が分かってしまうのです。

私もそうですが、私たちの仲間や友人の中で、志《こころざし》のある経営者やリーダークラスの人たちは、人と会うと自然に、相手の「目の力」を見ます。眼力ということではなく、その目の奥にある「確信」や「覚悟」を見ているのだと思います。

特に、人の上に立つリーダーは組織を率いるためにも、部下たちのやる気や覚悟を一瞬で見抜く必要があります。そのとき、やはり、「目」から発せられている「気の力」などを瞬時に感じ取るようなのです。

どんなに表面的に繕っても、感じる人にはしっかりと分かってしまいます。だからこそ、自分の心に嘘をつかず、今の自分を素直に受け入れ、相手を思う気持ちを大切にしていることが重要なのだと思うのです。

「念《おも》いや心と言葉と行動を一致させる!」――これが自然体でできれば、毎日が本当に清々しい気持ちで送れます。すなわち、心を鍛えれば、自然に目に現れるということです。この結果、瞳がキラキラと輝くようになるのです。

あなたがどんな人生を歩んでいるのか? あなたの心がまえが、あなたの姿勢に現れます。その中で最も顕著に表れるのが、「目」なのです。

☞ ワーク⑫

あなたは「目が輝いていますね！」と、言われたことがありますか？

それはいつ、どんなときでしたか？　最近はいかがです？　周りの方に聞いてみてください。目が輝いているときは、だいだい実年齢よりも若いと言われると思います。

人を諫《いさ》むる者《もの》安《いずく》んぞ自《みずか》ら戒《いさ》めざるべけんや。

『幽窓随筆』より

【現代語訳】

人に注意をすべき立場の人が、自分を正し、律しなくていいのでしょうか？　そんなことはありません。まずは、自分を正し、律するべきなのです。

あなたは、自らを戒《いましめ》め、改善していますか？

自分が慢心していないかどうかの判断基準の一つとして、「やり続けていた習慣を継続できているかどうか」ということがあります。

誰しも、心境には波があります。

やらないことへの言い訳は、いくらでもつけられますよね。しかし、時には私は、続かないことをやめるときは、逃げではなく、習慣として続くものに変化をさせるように改善をしています。

- より シンプルなこと
- より自然にできること
- より時間を使わないでできること
- より楽しめるもの……

という感じで、改善するのです。

身に付いたと感じることでも、時間が経てば失っていることがあります。逆に、続ければ、相乗効果でより深く、広く得られるものもあるように思うのです。

「継続は必ず力となる!」のですが、その習慣自体が正しいのか否か、定期的にチェックして、改善することも、時には必要ではないでしょうか?

長期視点がなく、理想がなく、なんとなく経験からのみ継続していても、成長しないどころか、停滞することだってあり得ます。

だからこそ、自分の過去の成功体験やこれまでの習慣なども、定期的に時流に合っているか? これから先の成長も予測でき、世のため、人のためになっているのか?――と点検し、さらに自ら戒めていくことが、生きる姿勢として重要なのではないでしょうか。

☞ ワーク⑬

あなたが続けている習慣や仕事のやり方は、本当に正しいのか？　自ら分析して、自分のやり方を戒めてみましょう。

成功体験や長年の習慣の中には、過去に固執した危険なことも多いのです。あらためてここで、あなたが続けている習慣を書き出して分析してみましょう。

一善《いちぜん》を行《おこな》へば一善己《いちぜんおの》に存《そん》す。一益《いちえき》を得《う》れば一益己《いちえきおの》に存《そん》す。一日《いちにち》を加《くわ》ふれば一日《いちにち》の功《こう》あり。一年《いちねん》を加《くわ》ふれば一年《いちねん》の功《こう》あり。人《ひと》を教《おし》ふる者《もの》、角《かく》こそ言《い》ふべし。

『講孟箚記』より

【現代語訳】

善いことを一つ行えば、その善は自分のものとなります。有益なことを行えば、その益は自分のものとなります。一日の努力は一日の功績となり、一年の努力は一年の功績となります。人を教える人はこう教えて、正しい道に導きましょう。

善い結果とは、善い行いから生まれる「善因善果」

あなたは、日頃から「善い行い」をしていますか？

私は師匠から「善因善果」という言葉を教えていただき、それを自分でも実行するようにしています。さらに、この言葉を大切にして、習慣にするようにしてきました。

「自分をつくるのは習慣である」

このように、多くの成功者は言います。

私も、善い習慣を身に付け、良くない習慣を捨てる努力をしている最中です。

そして、最近の私は過去の十年とは全くと言っていいほど違うことに意識を向け、その結果、自分の中で変わったことがいくつもあります。

「善い行い」をすること、それを習慣とすることで、自分自身の心がまえも変わりますし、生きる姿勢さえ変化してきました。

「善因善果」をベースとした習慣を、これから五年は意識して継続しようと思います。五年継続すれば、なんとか自分のものにすることができるだろうなと思うからです。

「善因善果を習慣づけることで得られた大きな収穫は、何かの結果ではなく、心の変化なの

「志事」を心から楽しむ著者と社員

です。

生きていく上でのあるべき姿勢の基準は、損得ではなく、善悪なのです！

善を推し進めることこそが、大和魂であり、武士道精神でもあるとの教えを守りながら、善い結果を出していこうと思います。

☞ ワーク⑭

あなたは最近、世のため、人のために何か「善い」ことをしましたか？

例えば、近所の清掃や人が嫌がるトイレ掃除のような身近なことでもいいので、無償で「善い」ことをしたら、どんどんこのページに書き出して自分を褒めてください！

烈夫《れっぷ》は屈《くつ》を厭《いと》はず、
隠忍《いんにん》にして大功《たいこう》を成《な》す。

『五十七短古』より

【現代語訳】

強い念いのある人は、たとえ失敗をしても決して諦めません。苦しいときもじっと耐え、必ず大きな仕事を成し遂げます。

あなたは、人生を「本気」で生きていますか？

「私は、本気でやります！」と言いながら、目が泳いでいる人がいます。そんな人には、「本気」という言葉を使わないように、と強く言います。

誰のためにそんな言葉を使うのか？「本気」と言いながら、逃げていたら、それは結果的に自分に嘘をついたことになり、自分の心を傷つけてしまいます。

言葉は言霊《ことだま》なのです。

使う言葉に本心とは違う嘘を言っていると、自らを信じる力、つまり「自信」がなくなっていきます。

「本気である」とは、人に良く思われたいからではなく、自分の心に嘘のないことです。だからこそ、自分の本気、つまり本当の気持ちから「逃げたら負け」なのです。

もちろん、誰でもが一度や二度は、自分の本当の気持ちから逃げた経験はあると思います。そして、その度に言い訳をしかながらも、心の奥では逃げた自分に嫌悪感を抱いているのではないでしょうか。

そんな自分の弱さに気づき、自分が一時的には嫌になりつつも、もう一度チャレンジして、

「本気」を取り戻したいと思うものなのです。

より大きな夢やより豊かな幸せを叶えたいと願うのであれば、その大きさと同じくらい困難があることを覚悟することです。

自分は本気だからこそ、決して「逃げない！」と覚悟を決めるのです。

ここに、幸せを日々実感する大きなコツがあると強く思うのです。

逃げない。

絶対に逃げない。

何がなんでも、逃げない。

こう自らに言い聞かすところから、素晴らしい人生が始まるのです。

こうした生きる姿勢があなたの体質になれば、とてつもない幸せの連鎖の中に身を置くことができますよ。

☞ ワーク⑮

あなたは自分の気持ちに向かい合い、本気で生きていますか？

「これまで、どんな困難に立ち向かってきたか？」と自分に問いかけ、もし逃げた経験があれば、そのときの気持ちも合わせて書き出してみてください。

成《な》し難《がた》きものは事《こと》なり、失《うしな》ひ易《やす》きものは機《き》なり。機《き》来《きた》り事《こと》開《ひら》きて成《な》す能《あた》はず、坐《ざ》して之《これ》を失《うしな》ふものは人《ひと》の罪《つみ》なり。

『中谷賓卿を送る序』より

【現代語訳】

何かをやり遂げるというのは難しいことです。しかも、逃しやすいのは時です。せっかくチャンスが来ているのに逃してしまうと、事をやろうにも時すでに遅しで、成功はおぼつきません。それ以上に、何もしないでいることは、罪を犯していることと同じなのです。

あなたは、「時」を大切にしていますか？

「取り戻せないもの、それは『時』である！」と、東洋の哲学書『言志録』にも書いてあります。人生には、なすべき「時」というのがあるということです。そのタイミングを逃したら、どんなに悔やんでも、やり直しの利かないことがあるのです。

一刻一刻を惜しむ気持ちを持つ、ということは、なかなか難しいものです。

私は、なすべき「時」は今、この瞬間だと常に思って、「後回しにする」「いつかやる」などという甘い習慣は捨てました。今ここを、無駄に過ごしたくはないのです。

自分勝手な今しかできないことではなく、その志で周りがどれだけ幸せになれるかの視点があれば、今がその時なのです。

私は、時間を徹底的に大切にしています。

一人でいても、家族といても、会社にいても全く同じです。その「使命」「ビジョン」、そして「念い」の目的のために、私の存在のすべてを使い続けているように思います。

たった一つのことに、どれだけの時間とエネルギーをかけ続けたか――。

それが、成し遂げられる人とそうでない人の違いだと思います。多くの実績を残し、魅力ある生き方をしてきている人とお目にかかり、そう確信しています。

やりたいことが強いため、やらないことをはっきり決められる、ということです。

何かを志し、社会にために一つのことを目指す人生を選ぶのであれば、こういう考え方が大切なのではないでしょうか。

だからこそ、まさに今、行動に移せば、すべてが変わり始めるということです。

だからこそ、この本も、吉田松陰先生の名言に触れた、まさにこの瞬間を大切にして、あなたに「ワーク」をしていただきたいのです。それこそが、「時を大切にする！」ということですから。

丁寧な暮らしの時間が流れる場所

☞ ワーク⑯

あなたは、「時」を大切にしていますか？

「時」をどのように大切にしているのか、具体的に書き出してみてください。大切にしていないと思うなら、なぜなのかも書いてみてください。

第三章 生きざま

どんなきれいな言葉を使うよりも、どんなきれいな身なりよりも、どんなにお金があるよりも、それよりも尊い価値があります。それは、あなたがどのような「生きざま」であるか？——です。そして、その精神をどれほどの人が受け継ぐか？　吉田松陰の「生きざま」は今なお、多くの人たちに影響を与えています。

人生《じんせい》草露《そうろ》の如《ごと》し、辛艱《しんかん》何《なん》ぞ慮《おそ》るるに足《た》らん。一朝《いっちょう》の苦《く》を顧《おも》うて、遂《つい》に千載《せんざい》の図《と》を空《むな》しうするなかれ。

『五十七短古』より

【現代語訳】

人の一生は、草木にかかる露のようです。辛いこと、大変なことに恐れをなしている暇はありません。ちょっとした苦労を気にかけて、将来の大事ができなくなることがあってはならないのです。

人生は短いからこそ、真剣に生き切ります！

「先憂後楽」という言葉があります。人生は、フィフティー・フィフティーで良いことも悪いことも起こるから、先に苦労を買ってでも努力し、乗り越えておけば、後の人生は楽ができて、楽しいですよ――という法則です。

この言葉がベースとなり、「若いうちは、買ってでも苦労をしなさい！」という教えがあるのです。

私たちの会社では、「職場は人格形成のステージである」と明確に位置付けています。ですから、社員が会社にいるときは、凛とした空気の中、自分自身を高められる「環境」をつくるよう、会社として努力をしています。

「おもてなし」「社風力」「全員がリーダー」というような、非常にストイックかつ人格を磨くことのなかに、私たちのお客様への表現があります。

人生を通じての使命、自分の生きがいと仕事のやりがい、叶えたい「念い《おも》」が本物かどうか、若いうちから真剣に考えて生きることでこそ、人生が輝くのだと思います。

誰にでも平等に与えられた時間。それは無限にありそうで、実はあっという間に終わってしまうものだと、私は思います。

だからこそ、人生は短いものだと覚悟して真剣に生きないと、結局は何も成し遂げることができずに終わってしまうのです。

自分の小さな自己満足と欲からの「思い」は叶うかもしれませんが、強い志の「念い」なんて叶うはずはありませんね。

もし、あなたが「先に楽なことをやろう!」などという時間の使い方をしていたら、人生の後半で苦しい思いをする羽目になりますのです。気をつけてくださいね。でも、大丈夫です。今からでも、「先憂後楽」の精神で努力していけば……。

☞ ワーク⑰

これまでのあなたの人生を振り返り、苦労と楽ではどちらが多かったですか？

まずどんな苦労をしてきたかを、次にどんな楽をしてきたかを書き出してみてください。これからの生き方が、浮かび上がってくるはずです。

風俗《ふうぞく》を美《び》にせんとならば、平時気節《へいじきせつ》を尚《たっと》ぶに如《し》くはなし。気節《きせつ》を尚《たっと》ぶは勤倹《きんけん》を励《はげ》ますと直言讜議《ちょくげんとうぎ》を奨《すす》むるに如《し》くはなし。

『読綱鑑録』より

【現代語訳】

人は清く正しく美しく生きるとしたら、普段から人を敬うようにすることです。そのためには、日頃から仕事に励み、無駄遣いをせず、しっかりと自分の考えを言えるようにしておくことが大切です。

あなたには、「美しく生きる」基準がありますか？

私たち「DLoFre's」には、「美の七つの基準」があります。その基準の一つが、「美とは、表現である」です。

・表現しよう。
・伝えよう。
・内にある念いやコンセプトを、見えるカタチにしよう。

美はそういう積極的な姿勢から生まれるということを、これらの言葉に込めているのです。

そして、自我で主張するのではなく、周りと調和してプラスのエネルギーを与えられるような、そういう美を私たちの会社から発信したいと願い、真剣に自分たちの業務に落とし込もうとしています。

できるからやる、のではなく、「やるからできる！」の精神なのです。

目指す姿に対して、強い気持ちで「やる」と決めるからできるのだと思います。

さらに、チームとしての私たちが大切にしているのは、チームとして仕事をしながら美しくあることです。

例えば、個を主張する人間ばかりだと、一つのチームとしてまとまるはずがありません。一方で、チームの中で、事なかれ主義や、責任のなすり合い、あるいは責任を回避する人がいると、チームとして美しくまとまりませんよね。

だからこそ、行動原則や基準が必要なのです。

常に変化する仕事にチームで取り組むためには、答えは一つだけでないにしても、一貫した考え方や基準を持って臨むことが重要なのです。

「チーム（組織）があっての個人」――これが社会で働くということですから、美しく生きる生きざまの基準や原則があればいいと考えています。

☞ ワーク⑱

あなたには、絶対に守るべき自分の行動原則はありますか？

あれば、ここに書き出してください。それは、「生きざまとしての美しさ」を意識したものですか？　もしなければ、今後原則としたいことを書き出しましょう。

志士《しし》とは士《し》達《たつ》ありて
節操《せっそう》を守《まも》る士《し》なり。

『講孟箚記』より

【現代語訳】

志を持った人は、強い信念を持ち、自分の主義、道徳観を変えずに守り続ける人なのです。

あなたの生きざまには、「一貫性」がありますか？

私なりにこの名言を解釈すると、「一貫性のある生きざまをしなさい！」という意味ではないかと思います。

一貫性とは、その人の器を問われることだと思います。

自分の生きざまを一貫性があると思っていても、周りからはそう思われないのは一貫性がないということです。つまり、節操がないという意味ではないでしょうか。

信頼の幅は、「一貫性」で決まると言っていいほどです。この「一貫性」こそが、現代で言うところの「ブランド」なのです。つまりは、その人らしさなのです。

武士道とは、武士たる人としての「らしさ」を精神的にも、行動としても表しているものだと、私は解釈しています。

このため、自分の分をわきまえた中で自由を謳歌したとしても、言動にブレがあると相手にされなくなります。

だからこそ、自分らしさである「一貫性」を大切にしたいですね。

Life style+design Center 内の風景

☞ ワーク⑲

あなたらしさとは、何ですか？

あなたの生きざまには、「一貫性」がありますか？　ここに、あなたが貫いている意志やこだわりを書き出してみましょう。

力《ちから》を用《もち》ふること多《おお》きものは
功《こう》を収《おさ》むること遠《とお》く、
其《そ》の精誦《せいしょう》する所《ところ》は
乃《すなわ》ち終身《しゅうしん》忘《わす》れざるなり。

『猛省録』より

【現代語訳】

たくさんの努力や労力をつぎ込んで行う大きなことは、すぐには結果が出ないことが多いものです。しかし、それほどの全力を投じて経験したことは、あなたの一生の財産となることでしょう。

あなたは事を成すにあたり、全精力を傾けてきましたか？

「集中力」を鍛えるということの意味を、教えてもらいました。

同じことをするにしても、やはり集中する意識の強さこそが、可能性の大きささを決めるということなのです。

私は小さい頃から、同じ授業を受けていても、集中できずに気を散らしていると、理解度に差が出るものなのだなぁと、なんとなく気づいていました。

自分がそうできていたわけではありませんが、今となって考えると、「意識」がすべてを決める、「意識」で世の中は成り立っているということを感じていたんだと思います。

その「意識」を高めるには、集中力が非常に重要であるということが何となく理解できてきました。たとえ周りで何が起ころうが、集中すべきことに没頭するということは簡単にできることではないかもしれませんが、誰もが、そのことの重要性を一度は経験したことがあるのではないでしょうか。

私自身、仕事に対して集中する力を、さらに高めていきたいと思っています。

そうした生きざまこそが、周囲の人々に対して、良い影響を与えるのではないでしょうか？

次の「ワーク」で、あなたがいかに全勢力をかけてきたか?――を、棚卸ししていただきたいと思います。

もし、今の仕事や勉強に対して、まだ全精力を傾けていないことに気づかされたならば、過去にあなたが、ものすごく集中して取り組んできたことを思い出してください。そして、どれほど情熱と時間を注いできたかを書き出してみましょう。例えば、何年、何ヵ月くらいかけてきたのか? どのくらいお金を費やしてきたのか?――などです。

そのときの熱い念いが胸に甦ったとき、あなたの仕事に対する集中力は劇的に変わるはずです。

☞ ワーク⑳

あなたは、今の仕事や勉強に全精力を傾けていますか？

あなたがこれまで、仕事や勉強にかけてきた情熱の内容を書き出してください。例えば、どれだけの時間、お金をかけてきたかのか？——を棚卸ししてみましょう。

人《ひと》の話《はなし》を徒《いたず》らに聞《き》かぬ事《こと》と、
聞《き》いた事《こと》見《み》た事《こと》、皆書《みなか》き留《と》め置《お》く事《こと》、
肝要《かんよう》の心得《こころえ》なり。

『松本源四郎あて手紙』より

【現代語訳】

人の話は真剣に聞くものです。そして、聞いたことや見たことを書き留めておくことは大事なことです。

気づいたことを書き留める習慣を持ちましょう！

あなたには、メモを取る習慣がありますか？

人生を楽しく生き、仕事でも成功している方たちは、必ずと言っていいほど、メモを取り、ノートに気づいたことをどんどん書き留める習慣を持っている人たちです。

私の場合は、Ａ４サイズの「Canpus」ノートを毎日、持ち歩いています。十五年ほど前からずっと、思いついたさまざまなことを書き続けています。

例えば、何か気づいたことや、仕事などの構想、本や人の話を聞いて学んだこと、そして旅先でのスケッチなどです。

最近は、パソコンでプリントアウトしたものを貼ることもあります。このノートは、まさに私の脳を映し出しているといえます。

だからこそ、私の考えていることなどをこのノートに書き出すことによって、「自分の脳」を客観的に見直してみるのです。

さらに、書くことで新しいアイデアが生まれたり、未来への道筋が見えてくることもあります。

そして、昔のノートを振り返ると、当時抱えていたたくさんの悩みが思い出され、そうした問題を少しずつクリアし、今の自分があることを確認できます。それは大きな自信になります。そういう意味でも、「メモ」は重要な習慣だと思います。

さらに、ノートを活用することには、もう一つのメリットがあります。書き留めることにより、自分の脳のメモリーを記憶でいっぱいにせずにすみますから、その分、「感じる力」を働かせることができるのです。

何かを「感じる力」、つまり感性は、これからの時代を生き抜くためには欠かせない感覚だと、私は考えています。

☞ ワーク㉑

あなたは一年間に何冊くらい、ノートを使っていますか？

この本をここまで読み進み、どのくらいの気づきがありましたか？ そのことをノートに書き留めましたか？　手始めに、「ワーク」でメモづくりをしてみましょう。

花《はな》、闌《たけなわ》なれば則《すなわ》ち落《お》ち、日《ひ》、中《ちゅう》すれば則《すなわ》ち昃《かたむ》く。人《ひと》、壮《そう》なれば則《すなわ》ち老《お》ゆ。百年《ひゃくねん》の間《かん》、黽勉《びんべん》の急《きゅう》ありて游優《ゆうゆう》の暇《いとま》なし。

『観梅の記』より

【現代語訳】

花は今が盛りとなれば、後は散ってしまうばかりです。太陽は日中を過ぎれば、後は陰っていきます。人も壮年を過ぎれば、後は老いていきます。人生というのは、のんびりしている暇などないほど短いのです。

いかに時間を使い切りますか？

「どのようにしたら、仕事を効率よく進められますか？　何か方法があれば、教えてください」

これは、ある人から受けた質問です。

その方の質問の意図は、きっとこんな感じだと思います。優先順位の高い大切なことを先にやるのか？　それとも細かな雑用を先にやるのか？　あるいは、同時に進めるのか？――私は迷いなく、次にように答えさせていただきました。

「私は、雑用から先にやってしまいます。このやり方は、プレーヤーとして最前線で仕事をしていたときも、マネジメントの仕事をしている現在も、全く同じです。優先順位を決め、タイムリミットを定めたら、優先順位にかかわらず雑用から徹底してやります。それも、猛烈な速さで、です。そして、雑用を片付けてしまったら、優先順位の高い大切なことをやるのです。よほどのことがない限り、こうしてきましたし、これからも変わらないでしょう。ではなぜ、こんなやり方をするのか？　それは、優先順位の高い仕事とは何かが明確だからです」

時間を使い切るべきケースとして、私は次の四パターンを想定しています。

①自分のアイデアが必要なこと

②お客様に表現することや、そこに工夫を入れること
③創造性が必要なこと
④多くの人に影響を与え、変化を生むこと
これらはいずれも知恵を必要とする仕事ですが、雑念があると集中できません。雑用が残っていると、どうしても集中力が切れ、余計なことが気になるのです。そして、考え抜いた先にある、良いアイデアが生まれないのです。

何よりも私自身、アイデアを込める仕事が一番好きなのに、他に何かしなければならないことがあると、その時間を楽しめないということもあるからです。

だからこそ、こういう順番にすることによって、早く好きな創造的な仕事をしたいと、作業的な業務を猛烈にこなすことができるのです。スピードも上がるのです。

質の高い仕事をするときは、頭の中をできるだけスッキリさせ、集中力を高める。そうやって、全力で向き合う時間をつくります。

☞ ワーク㉒

あなたは、時間の使い方を
どのように工夫していますか？

ここに、あなたの時間の使い方を書き出して、どのように工夫をしているかを、自分なりに分析してみましょう。

学《がく》は、人《ひと》たる所以《ゆえん》を学《まな》ぶなり。（中略）抑々《そもそも》人《ひと》の最《もっと》も重《おも》しとする所《ところ》のものは、君臣《くんしん》の義《ぎ》なり。国《くに》の最《もっと》も大《だい》なりとする所《ところ》のものは、華夷《かい》の辨《べん》なり。

『松下村塾記』より

【現代語訳】

学問というのは、人が何たるかを学ぶものです。（中略）そもそも人として最も大切なことは、主従の正しい関係です。国として最も大事なことは、他の国と我が国との違いを理解することです。

「学問とは何か？」を考えてみたことがありますか？

「学問」とは、この名言では「人が人である理由を学ぶ」こととあります。この教えをヒントに、私は自分なりの答えを導いています。

例えば、多くの知識、経験、技術を学び、習得することは大事です。しかし、それは本当の意味での学問でないように思います。私が思う学問は、人間を成長させるもの、人としての生き方の成長に繋がるものです。

それは、自分と周りの人々の幸せを、同時にどう満たすかという問いになります。

人格の成長に繋げられるような、考えの落としどころの軸を持つことができるかどうか――ここを幼い頃に養っておくと、人生が学びの連続となると思います。

人格を磨くということが本当の学問である、ということが分かってきました。

大人になっても、さらにもう一度きちんとした学問を学ぼうとする謙虚さが、今の大人には必要な気がします。

私は、人格を磨くために、本当の学問を学び続けようと思います。

大人の学びの場を提供するスタッフ

☞ ワーク㉓

「人が人である理由」とは
何だと思いますか？

ここは、じっくりと考えることが重要です。考えてみましょう。あなたは、自分を成長させてくれる学びをしていますか？　それは、どんな学びですか？

経書《けいしょ》を読《よ》むの第一義《だいいちぎ》は、聖賢《せいけん》に阿《おも》ねらぬこと要《かなめ》なり。若《も》し少《すこ》しにても阿《おも》ねる所《ところ》あれば、道明《みちあきら》かならず、学《まな》ぶとも益《えき》なくして害《がい》あり。

『講孟箚記』より

【現代語訳】

経書を読むときに大切なことは、聖人や賢人の教えに頼りすぎないことです。頼ろうとする気持ちが少しでもあると、学ぶべきことが明らかでなくなり、学問をしている意味がなく、かえって良くないからです。

読書以上に重要なものとは？

確かに、読書という行為は、自分の「謙虚さ」「素直さ」「可能性」を保つ上で、とても重要な習慣であり、秘訣でもあります。

私自身が、書籍を出版している立場から言わせていただくと、書籍というのは、著者独自の経験から学んだことなどを、念いを込めて書き綴っていくものです。ですから、一冊の本の中には、膨大な知識や知恵などがあると思います。

だからこそ、良い人生を送る秘訣に「読書」は欠かせません。

しかし、読書に頼るだけでは、十分ではないのです。読書だけという習慣では、不足どころか、読書依存の弊害もあり得ます。

だからこそ、その道の専門家や人生で徳を積まれた方たちから、直接学ぶことも重要なのです。

そして、何よりも重要なことは、現場、現地に行くことです。その現地で、自分の目で見て感じることなのです。

その上で、あなた自身が「考えること！」です。

考えるために、あなたは自分自身に質問をしてみることが重要だと思います。

現場でリアルな現実に触れ、そこで感じ考えたことを基に、次の自らの行き先を決めるのです。

本物の情報は、無料で得られる安易なものの中にはありません。そんな情報を鵜呑みにせず、自らの時間とエネルギーを投入して得たもの、自分の感性で得たものを大切にしたいものですね。

学ぶのは自分自身で、そこで必至に学ぶことです。しっかり見て、感じて、自分に応用できることがないかを本気で感じ、考えるのです。

自ら経験して、またそこから学ぶのです。

☞ ワーク㉔

あなたは、読書以外に
どのような学びの経験をしていますか？

講演会やセミナーなどに参加していますか？　自分で関心のある場所へ出かけ、感じることはありますか？　あなたが行ってきた経験を書いてみましょう。

思《おも》ふことありて未《いま》だ達《たっ》せず、為《な》すことありて未《いま》だ成《な》らず、是《ここ》に於《おい》て憤排《ふんび》して学《がく》に志《こころざ》し、而《しこう》して師《し》を求《もと》む。是《こ》れ実事《じつじ》ありと云《い》ふべし。

『講孟箚記』より

【現代語訳】
思うことがあってもまだそれができていず、やりたいことがあっても未だそれができてなく、そんなときに自分に激をとばし、やる気を高めて師（先生）を得てこそ、師の効果があります。

学ぶ際には、礼儀礼節が重要です

目標とする会社、憧れを持つ人など、リアルに学ばせていただける対象があることは、本当に幸せなことです。社内で日々努力を共にし、涙を流しながら、お客様に向き合う仲間の存在は、素直にどんなときも学び合い、成長できる素晴らしい関係です。

しかし私は、特に社外の人や会社に対しては、「学ばせてください」とあまり求めません。なぜなら、その会社や人が積み重ねてきた数々の経験というものには、外では絶対に語らない努力や乗り越えてきた数多くの困難があると思うからです。

例えば、その困難を乗り越えるためには、膨大なコストがかかっているでしょう。そのようにつくり上げてきたものを、いとも簡単に「教えてください」「学ばせてください」とお願いすることは、先方への配慮を欠いた、「本気度」がない失礼なことであると思います。

確かに、謙虚に学ぶという姿勢は、人として当たり前のことです。しかし、だからといって、もらいたい、得たいことのため短兵急に押しかけることは、相手にとって迷惑なことであることは間違いありません。

私の場合、本気でどうしても教えて欲しいと思ったときには、その方や会社のそれまでの努力とかけた時間に見合うコスト分のお金を支払っても構わないという「覚悟」を持って、お願いに上がるようにしています。

相手の経営者様、社員様たちが必至でつくり上げてきたもの、そしてその情熱に対して、こちらが持つべき最低限の姿勢ですね。

そういう気持ちもないのに、教えて欲しいとお願いに行くのは、成功体験の「良いとこ取り」としか思えないのです。

やはり、「学ぶ前にも、礼儀礼節！」と強く思うのです。

私も、尊敬する相手には絶対に迷惑をかけたくないと心から思っています。

私は、本気で学ぼうとしてくださる方となら、今まで培った経験から得た知恵をしっかりとシェアをさせていただきます。

価値を分かち合うためにも、互いが成長するということのためにも、その前に「礼儀礼節」が必要だということですね。

自然の気と調和したドロフィーズ・キャンパスの一角

☞ ワーク㉕

あなたは直接、人から学ぶとき、
礼儀礼節を持っていますか？

どのように、それを相手に伝えていますか？

第四章
信

「商売の徳義で最も尊いのは『信』である」――これは偉大なる経済人で、資本主義の父といわれる渋沢栄一の名言ですが、吉田松陰の名言にも、同じ趣旨の多くの言葉があります。ここまで読み進めてきて、「心がまえ」「姿勢」「生きざま」を磨いてきたあなたには、「信」が宿る素地ができておられるはずです。さあ、人間として、ビジネスパーソンとして最も重要な「信」を我がものとするために、この章で学んでいきましょう。

士《し》の道《みち》は義《ぎ》より大《だい》なるはなし。
義《ぎ》は勇《ゆう》に因《よ》りて行《おこな》はれ、
勇《ゆう》は義《ぎ》に因《よ》りて長《ちょう》ず。

『士規七則』より

【現代語訳】
志士にとって、義という人としての生きざまほど大切なものはありません。義は勇によって実行され、勇は義によって永続していくからです。

信義とは何でしょうか？

「信義」という言葉は、信には義が伴わなければならず、義には信が伴わなければならないということでもあります。これは日本資本主義の父・渋沢栄一の教えです。

「信」と「義」——この二つの言葉は、人が正しく生きる上での車の両輪のようなものなのです。「信」とは字の通り、人の言葉に寄せられるものであり、そこに嘘があってはなりません。また、「義」も「王」の下にそれを支える「我」と書く字の通り、他の人間を支え尽くすということで、そこに利己的な気持ちがあってはならないのです。

漢字の一文字一文字にも、人として生きる大切な教えが詰まっています。

嘘をつくことや人を蹴落とす行為、また利己的な気持ちは、いずれ自らを滅ぼすと、私は考えます。

社会秩序を守る上での日本人の心は、義という言葉に象徴されます。義を持って誠実に生きることは、日本人としての誇りです。倫理観を持った日本人として、思い切り自由が許されているこの国が、無責任な自由＝自分勝手を叫ぶ人々に荒らされないように、顔の見える繋がりを大切にしていくべきです。

その実践として、私は信、そして義を重んじ、誠実に生きていきたいと、常に考えています。

私も参加している新しいタイプの大學校である「信和義塾大學校」では、「信」ありきで、人の「和」を重んじています。もちろん、「義」も重んじ、教育にあたる人たちが真剣に未来の子供たちのために指導していることは、言うまでもありません。

キャンパス内にある椎の大木「家族の木」

☞ ワーク㉖

あなたを信頼してくれる友人（お客様）は、何人いますか？

あなたはこれまでの人生で、「信」を得られる行動をしてきましたか？
あなたは、「義」を行動に移していますか？　振り返ってみましょう。

仁《じん》は人《ひと》なり。人《ひと》に非《あら》ざれば仁《じん》なし。禽獣《きんじゅう》是《こ》れなり。（中略）世《よ》には人《ひと》にして仁《じん》ならざる者多《ものおお》し。又人《またひと》を離《はな》れて仁《じん》を語《かた》る者《もの》、最《もっと》も多《おお》し。今《いま》の読書人皆是《どくしょじんみなこ》れなり。

『講孟箚記』より

【現代語訳】

仁というのは、すなわち人です。人でなければ、仁は存在しません。鳥や獣に、仁はありません。（中略）この世には、人なのに仁がないものが多くいます。また、人として仁がないのにもかかわらず、仁を語る者が最も多くいます。今の教養人は、みなこのタイプです。

組織の言行一致と個人の自由について

私は、小さい頃から一貫して、非常に大切にしている言葉があります。自分が言ったことは必ずやり抜くという意味で使っている、「言行一致」と「有言実行」がそれです。

この言葉が意味していることは、「信」を築いていく上で本当に大切なことです。

私の場合は少し極端かもしれませんが、「言ったことをやらない」ということは、自分の生き方に最も反することになります。言ったことをやらないぐらいなら死んだほうがまし、と子供の時から思っていました。

どんな理由があったとしても、言ったことをやらなければ、周りの人たちは「口先ばかり」と見ます。そして、「不誠実だ」と思います。その結果、本人の知らないうちに、大切な信頼をどんどん失ってしまうことになるのです。大きなことを言ったときほど、また人を巻き込めば巻き込むほど、やり切る強い覚悟が必要です。

言ったことは必ずやり通すということは、できない可能性のあることは言わないということです。一度決心したことは、すべてを犠牲にしてもそれをやり通す——。

このことは、企業を経営していく上でも、大人として誠実に生きていく上でも、最も重要なことでしょう。

私は、単に儲かればいいという経営には全く興味がありません。「信」をベースにした経営こそが重要であり、マネジメントにおいては「言行一致」ということが最も大切なことだと考えています。言っていることとやっていることが同じ、ということです。

組織も一つの生命体のようなものですから、個人では認識されていたとしても、組織全体にその考え方が浸透していなければ、組織自体が言行一致ではありませんね。

言うのは簡単ですが、一人一人の行動までしっかりとその言葉と一致させることは本当に難しいことです。

「徹底力」があって初めて成立する組織の言行一致。単にルールで縛るのではなく、自由闊達で一人一人が自らのスタイルの表現者となりながら、なおかつ一貫性があるということが求められているのです。

私たちの会社は、社員一人一人が責任のある自由を大切にしつつ、世の中に貢献していきたいと考えています。

☞ ワーク㉗

あなた個人は、「言行一致」していますか？

あなたが所属（または、あなたが経営）する組織は、「言行一致」できていますか？　個人、組織それぞれのできている部分、できていない部分を書き出しましょう。

吾《わ》が性《せい》多言《たげん》なり、
多言《たげん》は敬《けい》を失《しっ》し誠《まこと》を散《さん》づ、
故《ゆえ》に無用《むよう》の言《げん》を
言《い》わざるを第一戒《だいいちかい》と為《な》す。

『李卓吾の「劉肖川に別るる書」の後に書して子大に訣る』より

【現代語訳】

私はそもそも、口数が多い性格です。しかし、口数が多いと、相手を敬う心を失い、誠実さが散漫になるようです。だから、無用なことはなるべく言葉にしないと、心がけているのです。

言葉の使い方には気をつけましょう！

私は、言葉の使い方には自分なりのルールを設けています。

・信じないことは口に出さない。

・自分の口から出るすべての言葉に責任を持つ。

もしこの二つのことができないなら、「社会的責任を果たしている大人だ」と胸を張って言い切ることはできないと思うからです。

自分が百パーセント信じる言葉のみを発言し、きちんと責任のある行動をとる――。自分が発する言動で、関わる人々の幸せをつくることができるかどうか？　また、自分自身の言動が、人格の成長に繋がっているかどうか？――こうしたことも点検して、自分の発する言葉の使い方を改善すべきだと思います。

信じないことは言わない！　これを徹底することで、「信」の扉が開きます。なぜなら、「信じたことは必ず行う！」という強い念《おも》いが、周りの人たちに伝わるからなのです。

こうしたルールを実践することにより、結果としては、言葉数は減るかもしれません。しかし、それだけに、口にしたときの言葉が力強く相手に響くものなのです。

自分の心に忠実に、そして誠実に生きたいものです。

心でお客様に向き合う幸せ時間

☞ ワーク㉘

あなたには、
言葉を使うときのルールはありますか？

あれば、そのルールを具体的に書き出してみてください。なければ、今から「信」を築くために、ルールをつくって書き出してみましょう。

聖賢《せいけん》の貴《たっと》ぶ所《ところ》は、
議論《ぎろん》に在《あ》らずして、事業《じぎょう》に在《あ》り。
多言《たごん》を費《ついや》すことなく、
積《せき》誠《せい》之《これ》を蓄《たくわ》へよ。

『久坂生の文を評す』より

【現代語訳】

できる人、本物の人が大切にするのは議論ばかりすることではなく、行動することです。口先ではなく、誠の行いを積み重ねなさい。

信頼できる人とは、実践して「徳」を積んでいる人

私が尊敬する人は、知識ではなく行動する人です。ちまたの評論家より実践者からが本当の学びがありますし、「信頼」もできます。

もっと言えば、その方の能力ではなく、生き方、生きざまに感動します。

吉田松陰はじめ、尊敬する師がいることは、自分が生きていく上で、大きな確信となっているのです。

私たち経営者のように、現場主義で実践することを求められている者にとって、一番聞きたくないものは机上の空論です。学者が言っていることは、誰かがやったことを後付けで難しく解説をしているものばかり。経営の現場は、常に新しいこと、未知のことと向き合い続けなければなりません。

簡単なことを難しくいうのは、誰でもできます。しかし、実践の現場では、難しいことを簡単に分かりやすく伝え、人を動かさなければなりません。しかも、気持ちよく、モチベーションを上げながらです。

私は、現場を知らない、自ら経営したことのない人の語る経営学ほど、無意味でナンセンス

なものはないと思っています。

たとえて言うと、野球を知っているのと、野球を真剣勝負でやるのとは違うということ。水泳を知っているのと、水泳を実際にやるのとは違うということ……。

私たちの会社は、本気で実践することにだけフォーカスして、社会と向き合っていきたいと考えています。

昔から大人物がやってきたことは、学者的に知識を仕入れ、議論することではありませんでした。すべて、実践して成果を出してきたのです。

だからこそ、無用にべらべらとしゃべってばかりではいけないのです。とにかく、本気で実践していきながら、多くを学び、人としての徳を蓄えていくべきです。

☞ ワーク㉙

あなたが「信頼」し、
尊敬できる人物はいますか？

尊敬する人から、どんなことを学び取っていますか？　その学びは、どのように実践に移していますか？　尊敬する人がいないなら、それはなぜだと思いますか？

学《がく》と云《い》うものは進《すす》まざれば必《かなら》ず退《しりぞ》く。

『講孟箚記』より

【現代語訳】

学ぶということは、日々続けていかなければ、必ず錆びついてしまいます。

企業とは、トップで決まるからこそ……

企業経営において、そのすべてはトップの器、資質で決まると思います。

だから、私は自分を磨くことでしか、大切なお客様や仲間、そして関わるすべての人々を守ることはできないと思っています。

自らの人間力向上の努力をやめた瞬間、すべてを失うと思っていますし、またそんな無責任な人生を送るなら、生きている意味はないと思っています。

組織を持つ、すなわち人が自分を慕って集まってくれ、さらに支えてくれていること――ここに、私のすべてがあると思います。

だから、私は自分の人間力を高めるために、実践しながら学び続けていくつもりです。

学ぶことに、限界はありません。

ですから、私は誰よりも学び続けなければいけないと、自分を鍛えています。もちろん、私だけの努力では組織全体の人間力は高まらないので、社員にも学ぶことの努力を怠らないでほしいと思っています。

そのために、私たちの会社では毎週一回、半日は仕事をせず、全員が集まり、組織としての、個人としての「あり方」を学び、高め合う時間をつくっています。また、基本的に会社負担で、社員がさまざまな研修、視察に行くことができる仕組みをつくっています。

外に行って、新しい世界や情報に触れると、頭の中は確実に「混乱」します。そして、その混乱の中から「未来」を見つけるのです。混乱は、自分の殻を自分で破るチャンス。ですから、混乱に陥ることを避けていては、成長がないと思うのです。

心地よく、自分が理解できるものばかりに触れていると、新しい発見も、成長する機会も圧倒的に減ります。

学びのために行動することに、勇気など全くいらないと、私は思っています。自分の目指すものがあれば、自ずと学びに結びつく行動をしたいという願望が湧き上がってくるのだと思います。

☞ ワーク㉚

あなたは自分の人間力向上のために、どんな努力をしていますか？

もし、あなたがトップなら、トップとしてどんな努力をしていますか？　トップを目指そうとしているなら、トップにはどんな努力が必要と思うか、書き出してください。

大将《たいしょう》は心定《こころさだ》まらずして叶《かな》はず、若《も》し大将《たいしょう》の一心《いっしん》うからうかする時《とき》は、其《そ》の下《した》の諸将《しょしょう》何程《なにほど》智勇《ちゆう》ありても、智勇《ちゆう》を施《ほどこ》すこと能《あた》はず、百万《ひゃくまん》の剛兵義士《ごうへいぎし》ありと雖《いえど》も、剛義《ごうぎ》を施《ほどこ》すこと能《あた》はず。

『武教全書守城』より

【現代語訳】

リーダーの決意が固まらなければ、事は成就しません。もしリーダーの心がふわふわと浮ついているようであれば、そのリーダーの下にいる者にどんなに才能があろうとも、その者の才能を活かすことはできません。やる気のある者が百万人いたとしても、そのやる気を活かすことはできないのです。

リーダーとは指導者だから、方向を示せ！

組織の中には、必ずリーダーがいます。

このリーダーにとって必要なことの一つが、「方向性を示す」ということ。なぜなら、リーダーとは指導者だからです。

指導者の「指」とは、どこを指している言葉だと思いますか？

伊豆下田にある吉田松陰の銅像――松蔭はある方向に向けて、指をさしています。そうです。指導者であるなら、「未来」を指し示さなければいけないのです。

組織が向かう「未来」、この「未来」を見つめて学び、組織のみなさんに方向性を示すことが、リーダーとして最も重要な任務なのです。

企業のリーダーは、未来に向けた決断のために、常に準備をしておく必要があります。

そして、最前線にいるリーダーは、「未来」に向け重点的に遂行すべき「テーマ」とその「意味」を、チームのメンバーに明確に示し続けなければならないのです。

今日一日、それぞれ業務が違ったとしても、チームが向かうべきベクトルを一致させなければなりません。そして、そのベクトルのずれを修正したり、課題に対して指示を出したりするのが、リーダーの仕事です。

自由な社風とは、放任することではありません。チームとしての方向性を一致させながら、自由にチャレンジする。もちろん、そこには各自の責任が伴います。

リーダーとは、「未来」を見つめた上で、組織をどこに導こうとしているのか、その方向性を示すことが役割なのです。しかも、確信を持って示し続けなければなりません。

さらに、日々の業務で社員の判断がぶれないように、その判断軸を共有させ続けることもトップの仕事ですね。

トップの最も大切な仕事は、「未来」に向けた答えのない決断を、勇気を持って、誰よりも早く下すことです。

そういう姿勢が、部下からの「信頼」に繋がり、一人一人が考えて動くチームをつくる基礎となるのです。

☞ ワーク㉛

リーダーとして「信頼」されたければ、「未来」を示すことです。

リーダーとして会社の未来、つまり会社が向かっている方向を書いてください。リーダーでない場合は、自分がどこに向かおうとしているのかを書いてください。

人君《じんくん》官吏《かんり》豪奢《ごうしゃ》を好《この》み、安逸《あんいつ》に耽《ふけ》り、天下《てんか》へ質《しっ》素《そ》節倹《せっけん》、文武《ぶんご》興隆《こうりゅう》の令《れい》を降《くだ》す如《ごと》き、古《いにしえ》より未《いま》だ曽《かつ》て行《おこな》はるる者《もの》あらず。近人《きんじん》の文中《ぶんちゅう》に「主人《しゅじん》晏《おそ》く起《お》くれば、家僮門《かどうもん》を掃《はら》はず、騎者《きしゃ》胆壮《たんそう》なれば、馬《うま》餘勇《よゆう》あり」の語《ご》あり。余《よ》以《もっ》て名言《めいげん》とす。

『講孟箚記』より

【現代語訳】

政治家や官僚はじめ役人たちが贅沢を好み、遊び暮らしをしていながら、世間の人たちには質素に倹約して、武芸や学問に励めと命じても、誰も実行しようとはしません。最近、こんな文章がありました。「主人が遅く起きれば、使用人は門前を掃除しない。馬の乗り手がやる気満々だと、馬もやる気を出す」。私は、これを名言だと思います。

リーダーとしての器づくりとは？

リーダーとして人の上に立つ者は邪念に侵されぬよう、常に自分を律し続けることが大切であると、私は説き続けています。

人は、いつも試されている――。

心にちょっとした隙間をつくることは、くだらない考えが忍び寄るのを手引きするようなものだと思います。

何かを得られた後、気持ちが満たされた後、もう何か変化を起こさなくてもいいというときは、誰しも慢心に陥りがちです。

また、お金や立場、名誉などが満たされれば満たされるほど、人は油断します。そうなるように、外部環境が変化するのです。獅子身中の虫が心に現れるということを肝に銘じ続ける。それを持続できるかどうかです。

そこに、伸び続ける人と終わってしまう人の決定的な差があるのです。

私はある時期、多くの方々にこうしたことを徹底的に教えていただきました。それは、本当にありがたいことでした。

・いい気になるな！
・調子に乗るな！
・一人でできることは、たかが知れている！
・天狗になると、それが限界！
そのときに受けた言葉を、今でも自分に言い聞かせ続けています。

己を慎み、人を敬う気持ちを持ち続けることの大切さ――。

リーダーというものは、常に今自分がいる立場に慢心せず、原点に立ち返る。そうした心を強く持つことが、誠に重要なのです。

☞ ワーク㉜

あなたは、自分に対し
自分を律する言葉がけをしていますか？

人から信頼されるために、あなたはどのような心がまえでいますか？
どのような言動に気をつけていますか？　思いつくままに書き出してください。

師道《しどう》を興《おこ》さんとならば、妄《みだ》りに人《ひと》の師《し》となるべからず、また妄《みだ》りに人《ひと》を師《し》とすべからず。必《かなら》ず真《しん》に教《おし》ふべきことありて師《し》となり、真《しん》に学《まな》ぶべきことありて師《し》とすべし。

『講孟箚記』より

【現代語訳】

指導者の立場になった場合に、心得ておくべきことがあります。それは、軽い気持ちで人を指導してはいけないということです。真剣に人を教えることができてこその指導者であり、組織の頂点に立つ指導者こそ、真剣に学び、学びながら指導するべきなのです。

リーダーは教育者なのです！

私が、マネジメントにおいて大切にしていることがあります。

それは目的を果たすためには、人、モノ、金、情報など有形・無形に関わらず、最大限に活用するということです。

誤解を恐れずにいえば、これらの中で最も効果が高く、資産としても目減りすることなく、価値が増え続けるのは、やはり「人」ということになります。

よく言う「人財」とは、そもそも何かが備わった者のことだけではなく、その「可能性」が大きく広がろうとしている状態の人のことなのだと、つくづく思うのです。

会社は人で決まります！——。

大人の学び場は、職場です。

だから、人の質の良し悪しを決めるのは、会社で行う教育以外ないのです。

私たち「DLoFre's」は、今も、そしてこれからも、人の格である「人格」を高める教育を大切にし続けます。

そして、その教育の質が良ければ、社員、会社、お客様、パートナー会社様、地域、地球環境……。すべてが幸せのスパイラルとなります。

だからこそ、私たちの会社のリーダーは、各プロフェッショナルでありながらも教育者となっていくのです。

企業のあり方で、世の中にイノベーションを起こしていきます。

築70年の民家を改装し、食を提案する
「DLoFre's Cafe」

☞ ワーク㉝

あなたは自分の仕事を、プロとして人に伝えられますか？

もし、あなたが自分の仕事を他人に教えるとしたら、どのように教育をしてみたいですか？　そこに、人間力の成長は含まれますか？

四目《しもく》を明《めい》にし、四聰《しそう》を達《たっ》すとは、古聖《こせい》の明訓《めいくん》なり。而《しか》して其《そ》の道二《みちふたつ》あり。天下《てんか》の賢能《けんのう》に交《まじ》はり、天下《てんか》の書籍《しょせき》を読《よ》むに過《す》ぎず。（中略）有志《ゆうし》の君《きみ》、千古一道《せんこいちどう》、要《よう》は目《め》を明《あきらか》にし聰《そう》を達《たっ》するに帰《き》すると、竊《ひそ》かに感嘆《かんたん》し奉《たてまつ》る所《ところ》なり。

『将及私言』より

【現代語訳】

都の四方の門を開き、広く見聞を深め、賢人を呼び寄せ、世にある智慧を集めよという、古き聖人の優れた教えがあります。その方法は二つあって、広く天下の賢人と交友を深めること、読書をすることです。（中略）優れた君主の道はいつの世も一つ。見聞を広め、人の意見を聞くこと、ということに密かに感心しているのです。

あなたは、自分の見聞を広め続けていますか？

理想をよりビジュアル化する時間は、経営者や未来をつくる組織のリーダーにとって非常に大切な時間です。

作業をする手足と、その手足を動かす脳は別の器官であり、機能です。脳が手足のマネはできませんよね。

経営者や組織のリーダーは、人間の身体にたとえれば脳そのものです。

だから、組織の頭脳役であるリーダーが最大限の働きをするために、常に自分自身でその環境をつくりながら、脳を刺激、活性化させることが必要なのです。

その上で、最前線で実行してくれる社員たちに、的確な指令を出せる状態をつくり続けなければなりません。

リーダーが「価値」を生み出す上で圧倒的に大切なことは、緊急で重要なことより、重要ではあるが緊急ではないことなのです。

緊急で重要なことというのは、「やらされている」「やらなければならない」「やるしかない」というようなことがほとんどで、自分の意志で取り組んでいるわけではありません。

一方、私にとって「緊急ではないが重要なこと」とは、理想を具現化するために、何もないところからイメージして、それを叶えていく筋道を考え抜くことです。すなわち、「未来への投資」として、まだ実現していないことのために、しっかりと準備の時間をつくる必要があるのです。

私は毎年必ず、世界中を旅し、たくさんの読書をし、多くの人たちと会っています。そのために多くの時間をかけていますが、それは自分の理想をより明確にし続けるためになのです。

さまざまな人々のライフスタイルや「美しいもの」に触れ、自らの発信するすべてにリンクできるかを考えます。こうして私は、社会をより良くできるように理想を高め続けます。

☞ ワーク㉞

あなたは自分の見聞を広めるために、どんなことをしていますか？

例えば、旅、読書、人との出会いなど、具体的に書き出してください。自分に何が足りないのかが、見えてくるはずです。

是非《ぜひ》の心《こころ》、人《ひと》各々《おのおの》之《こ》れあり、
何《なん》ぞ必《かなら》ずしも人《ひと》の異《い》を
強《し》ひて之《こ》れを己《おの》れに同《おな》じうせんや。

『要駕策主意　上』より

【現代語訳】

ことの正誤の判断は、人それぞれ持っています。判断や意見が違うからといって、無理やり自分と同じ考えに強制してはいけないのです。

自分だけでは、人を評価しません

この名言にある通り、「何が正しく、何が間違っているのか?」の判断は難しいことが多いものです。企業経営でいえば、人事評価がこれに当てはまるのではないでしょうか。

私は、自分の判断だけでは人を評価しない、ということにしています。その一環として、私の会社では、スタッフの評価は自己評価を基本にしています。

自己評価をするためには、各自が倫理感、道徳感を持っていることが非常に重要になります。そのことを、私は強く指導しています。

自己評価によって、「自由」に自己管理ができる一方、自立することが求められます。その結果、周りにも貢献することができるようになります。

その自由は、「あり方」を整えた先にしかありません。

マニュアルが増えると、人は考えなくなるのは事実です。しかし、組織はミスを犯さないために、それも少なからず必要です。

身勝手な「自由」など、社会では受け入れられるはずもありません。

目指すビジョン、理念、念い、使命、そして方向性をスタッフと真剣に語り合い、指摘し合うことが常に大切になります。それは、人をジャッジすることとは全く違います。

有言実行、言行一致で周りを大切に、信頼をつくり、責任を果たす――こういう態度を失わなければ、自分でしっかりと見つめ、自らを高め続けられます。

愛を持って表現するスタッフ

☞ ワーク㉟

あなたは人を評価する際、その人をどのように見ていますか？

あなたの会社の人事評価制度を、書いてみましょう。その上で、本当にそれが正しいのか、分析してみてください。

備《そな》はらんことを一人《ひとり》に求《もと》むることなかれ。（中略）古語《こご》にも、「庸謹《ようきん》の士《し》を得《う》るは易《やす》く、奇《き》傑《けつ》の士《し》を得《う》るは難《かた》し」と云《い》へり。小過《しょうか》を以《もっ》て人《ひと》を棄《す》てては、大才《だいさい》は決《けっ》して得《う》べからず。

『武教全書　用士』より

【現代語訳】

万能であることを、人に要求してはいけません。（中略）昔の言葉に、「平凡で真面目な人を得るのはたやすいけれども、いざという時に頼りになる優れた人材を得るのは難しい」というものがあります。つまり、細かいことを気にして人を切り捨てているようでは、優れた才能を持つ人を得ることは決してない、という教えなのです。

いかに人の才能を伸ばしますか？

人には無限の可能性があると、私は信じています。

周りの人を見ると、この人は本当にどこまで成長するのだろうかと、未来がキラキラして見えるような人がいます。

一方で、自分で限界を決めてしまい、未来に輝きを失っている人もいます。

そういう人は、言葉の使い方で分かります。

「自分はできている！」という現状維持の言葉や態度が、至る所で出てしまいます。「自分の好きな仕事で、十分にできている！」と思った瞬間に、その人やその人に関わるモノはすべて魅力を失ってしまいます。モノにまで、その心が伝染します。

限界を自分で勝手に決めてしまう人生なんて、つまらないですよ。

戦中・戦後の哲学者であり教育者である森信三の教えの中に、人間にとって人生で苦労をすることは必要欠くべからざることだというものがあります。

人格をつくる上で大切なことは、

・持って生まれた天才、天分、天賦の才力、潜在能力などと呼ばれる先天的才能

・道の教え
・人生の苦労
などだと思います。

単に教えを聞き、本を読んで勉強していても、それは向こう側に掲げられた絵のようなもので、未だ自分を照らしてその心の悩みを消し去るほどの力を持つには至らないのです。

そう考えたとき、人の喜びや幸せのために自分の才能を磨く最高の場が、苦労ができる仕事だということになります。

人格形成こそが人生のテーマだと位置づけた人にとって、困難は本当に楽しいものになるのです。私自身は、仕事を通し人格を高められ、それが人の役に立つよう自らを活かしていくことができる幸せを感じるのです。

☞ ワーク㊱

あなたの才能は、どれだけあると思いますか？

まず、意識しているものを書き出してみてください。次に、人に教えてもらった才能も書き出してみましょう。使っていない才能も発見できるかもしれません。

志士《しし》と云《い》ふは則《すなわ》ち
道《みち》に志《こころざ》すの士《し》なり。

『武教全書　用士』より

【現代語訳】
志士というのは、正しい生き方を貫いていこうとする人のことです。

あなたは「正しい」ことをしていますか？

正しいの「正」の字は、「一本の線」で「止まる」という意味であるということを教えてもらいました。

超えてはいけない止まるべき一本の線とは、人間がつくった法律よりももっと根本的な倫理であり、道徳に基づいたものだと思います。その先に行くと、人としての「恥」に繋がるものであると――。

ところで、この「正しさ」の基準とは、いったい何でしょうか？

例えば、私たちが人生の迷い、不安、悩みなどに直面したとき、倫理、道徳をしっかりと学んでいると、「正しい」判断ができると思います。

大人になったからといって、ただそれだけで倫理、道徳が身に付いているなんて思わないほうがいいです。

なぜなら、一生をかけて、人間力を高めていくことが人生ですから……。

だからこそ、前を向いて突き進んでいるときも、たまにはふと立ち止まって、一本の線を確認していくことが大切なのです。

大海原へと歩む産まれたてのウミガメ（浜松の砂浜）

本当に、自分は「正しい」ことをしているのか？

その「正しさ」は世のため、人のためになっているのか？

今の時代においても、未来においても、「正しい」といえるのか？

――と、自分自身の行動や考え方を振り返る姿勢が重要なのです。

☞ ワーク㊲

あなたは、どんな「正しいこと」をしていますか？

あなたが考える「正しい」ことを書き出してみましょう。その上で、その「正しい」ことが世のため、人のためになっているのかどうか、見つめ直してみてください。

おわりに

吉田松陰先生は、その思想と生き方、行動によって、今日の私たちに非常に多くの大切なことを示してくださっています。残された数々のお言葉に、時代を超えた強いお導きをいただけることに、奇跡を感じ、感激を覚えずにはいられません。

今、松陰先生の名言は、私たちの心に深く響いています。

あなたは、本書を最後まで読み進め、さらに「ワーク」も実践されましたか?

私は本書を書きながら、こんな気づきを得ました。

「組織の価値とは、人の魅力のかけ算で生まれるものではないか」――。

経営者が、共に働く社員のことを「仲間」とし、そして「同志」として接し、一人一人のことを大切に思う――このことが実現したときに初めて、その仲間、同志である社員たちが次のような思いを抱くことになるのではないでしょうか。

・年齢や経験に関係なく、アイデアがどんどん生まれ活かすことができる。
・一人一人が躍動して働ける組織にいられる。
・無我夢中で夢に向うことができる。
・皆で達成感を分かち合い、そしてさらなる成長を目指せる。

私は経営者として、社員一人一人が輝き、責任を持ち、しかも力強い「自由」を感じてもらえるような素敵な会社を創っていきたいと思っています。そして、この念いは、地域や社会、そして日本という国に対しても同じなのです。

そのためには、多くの方々に私たちと一緒に、日本人としての心を「武士道精神」から学んでいただきたいと思います。

なぜなら、今の日本に蔓延しつつある言葉、無気力、無関心、無責任、無縁社会……。こうした言葉がこれだけ使われている社会の現実に、私は日本の未来の危機を感じているからです。

日本人がやる気を失ったら、どうなるでしょうか？　明るい未来はありません。

では、どうすべきでしょうか？

日本の未来のためにも、あなた自身の未来のためにも、私たちが「合言葉」にしている「夢、愛、自由、そして仲間のある人生（DLoFre's）」という豊かさに満ちた未来を子供たちにしっかりバトンタッチしていく――そのことが重要なのだと、私は信じています。これこそが、私の人生の目的そのものなのです。


本書を最後までお読みいただき、誠にありがとうございました。

本書の出版にあたっては、住まいづくりで信頼を託していただいているお客様とそのご家族の皆様、私たちの取り組みを支えてくださっているパートナー会社の皆様、浜松・都田の地でいつも温かく見守ってくださる地域住民の皆様、そしておもてなしの心を大切に人に優しさを与えてくれているスタッフの仲間たち……。そうした多くの方々に、あらためて心からの感謝の気持ちをお伝えしたいと思います。

最後に、「帝王學講座」を通じて、日本の心や武士道など深い学びを与えてくださる徳山暉純先生、多くの現代の志士たちとの出会いを創っていただき、また本書の出版にあたってご指導いただいた「信和義塾大學校」創設者・中野博塾長にも、心から御礼申し上げます。
本書が「信和義塾シリーズ」の、記念すべき第一弾になったことは望外の喜びです。ありがとうございました。

平成二十六年十一月三日　文化の日に書斎にて

蓬台浩明

◇名言出典
『吉田松陰の士規七則』広瀬　豊 著　国書刊行会
『吉田松陰名言集』八幡和郎 監修　宝島社
『吉田松陰の名言100』野中根太郎 著　アイバス出版
『吉田松陰一日一言』川口雅昭 編　致知出版社
◇参考資料
『士規七則』松陰神社（東京世田谷区）

吉田松陰《よしだしょういん》の言葉《ことば》に学《まな》ぶ本気《ほんき》の生《い》きざま

2015年1月21日　初版第1刷

著　者 ―――――――― 蓬台浩明《ほうだいひろあき》
発行者 ―――――――― 坂本桂一
発行所 ―――――――― 現代書林
〒162-0053　東京都新宿区原町3-61　桂ビル
TEL／代表　03(3205)8384
振替00140-7-42905
http://www.gendaishorin.co.jp/
カバーデザイン ――――― 吉﨑広明

印刷・製本：広研印刷(株)
乱丁・落丁本はお取り替えいたします。

定価はカバーに
表示してあります。

ISBN978-4-7745-1505-2　C0034